CONSIDÉRATIONS

SUR

LES ALPHABETS DES PHILIPPINES.

Par M. E. JACQUET.

A Escritura de la Lengua Ylocana

II

El ng es muy dificil de pronunciar porque el aire y la
voz debe salir de las narices

———

B

(Thévenot)

CONSIDÉRATIONS

sur

LES ALPHABETS DES PHILIPPINES.

Dans le très-petit nombre d'ouvrages élémentaires sur les langues des Philippines, déposés à la bibliothèque royale, se trouve une réimpression abrégée de l'*Arte de la lengua Yloca* (Manille, 1617, *in-4.°*), sous le titre de *Compendio y methodo de la summa de las Reglas del arte del ydioma ylocano que a los principios del siglo passado compusò el P. Fray Lopez, &°e.* et la date *año de 1792, in-12.* Ce petit volume qui, suivant une note inscrite au *verso* de la première page, a été donné à la bibliothèque en 1809 par M. de Sainte-Croix, contient une feuille manuscrite qui paraît y avoir été jointe par le donateur : la planche qui accompagne cette notice (A) en présente une copie exacte. C'est un alphabet *Ylog* expliqué en espagnol ; les caractères paraissent avoir été tracés d'une manière cursive, mais il est très-probable que les naturels n'ont jamais occasion de leur donner dans les manuscrits une forme plus monumentale, ou du moins plus calligraphique.

Il est sans doute étonnant que, dans le nombre immense de grammaires et de vocabulaires (1) de tous dialectes, de tout format et de toute date qui ont été imprimés à Manille et à Sampaloc, aucun n'ait encore donné un tableau des alphabets qui expriment ces langues dans les manuscrits originaux (2) ; mais les Espagnols ont trouvé plus facile de dire : *No se trata de los caracteres de la lengua, porque es yà raro el Indio que los sabe leer, y rarissimo el que los sabe escribir* (3). Leyden, qui a recueilli tant de précieuses notices sur les langues de la *Polynésie indo-malaye*, a donné un démenti exprès à cette assertion, (*As. Res.* tom. X), et nous a fait espérer que la littérature et la civilisation primitives de ces îles se sont, malgré le zèle des missionnaires espagnols, réservées

---

(1) Il faut excepter de cette observation une grammaire Pampangh manuscrite dont M. W. Marsden donne la description suivante : *Arte de la lengua Pampanga* (*with a specimen of the alphabetic characters employed in the writing of the natives, in-4.°*).

(2) Les habitans des Philippines écrivent également sur des lames de bambou, sur des feuilles de palmier, sur le papier de mûrier, et sur le papier européen importé par les Espagnols.

(3) *Arte de lengua Tagala que compusò F. S. de Totanes. Impresso en el Pueblo de Sampaloc, año de 1745.* Ceci n'est exactement vrai que de la ville et des faubourgs de Manille, où les Tagalas ont perdu toute individualité nationale. Les naturels n'y parlent qu'une espèce de *lingua franca* mêlée de tagala et d'espagnol. Beaucoup d'entr'eux apprennent le castillan et même le latin ; les plus instruits sont employés dans l'administration.

à l'esprit de recherches ethnographiques qui dirige toutes les sciences dans le siècle présent.

Je ne connais qu'un seul alphabet appartenant aux langues des îles Philippines, qui ait encore été publié en Europe. C'est celui que Thévenot a fait graver dans son excellente *Collection de Voyages* (pag. 5). Je le reproduis dans la planche ci-jointe (B).

Ce caractère est désigné comme appartenant plus spécialement aux *Tagalas* ; mais la première vue permet de décider que les deux alphabets réunis sur la même planche, sont identiques, et que de légères variétés, peut-être seulement les incorrections d'une gravure assez mal exécutée, ne peuvent présenter ces alphabets comme étant d'origines différentes et appartenant en propre chacun à l'un des deux peuples. Les lettres qui offrent les variantes les plus sensibles sont le *da*, le *ga* et le *ta*. Une connaissance de la calligraphie *ylaco-tagalog*, acquise par l'examen d'un grand nombre de manuscrits, pourrait seule permettre de décider lequel des deux *specimen* est le plus correct et le plus élégant.

Il y a entre les deux alphabets une différence plus précise et plus importante que celle du tracé des caractères. L'alphabet A a une lettre de plus et une de moins que l'alphabet B. Le signe ᜳ (1) *ha*, ne se

---

(1) Ce caractère, par la forme et par la direction du trait, rappelle singulièrement le type de l'*h* dans tous les alphabets dérivés du *Deoanagari*, et spécialement l'*h* Singhalais et Birman dont les contours sont exactement semblables.

trouve que dans l'alphabet de Thévenot, qui est privé du *ñga* (1). Cette différence n'existe réellement pas (2); et les deux *specimen* doivent se compléter l'un par l'autre. Il est bien vrai que la relation publiée par Thévenot dit : « Ils n'ont que trois voyelles et douze con- » sonnes (3) qu'ils *expriment* diversement en mettant » un point au-dessus ou au-dessous ». Mais Leyden, qui a quelquefois copié Thévenot, le corrige ici et dit que l'alphabet *tagala* se compose de dix-sept signes (4). Le P. Totanes donne le même nombre dans son *Arte de la lengua tagala.* « *Diez y siete solas son las* » *letras tagalas : las catorce son consonantes, y las* » *tres vocales* ». Il nomme entre tous ces signes, l'*h*

---

(1) Cette nasale est commune à tous les alphabets ou syllabaires des langues parlées dans l'extrême Asie orientale.

(2) Il est inutile de dire que l'on ne peut attribuer ces différences entre les deux alphabets, à des différences de prononciation entre les dialectes Tagala et Ylog; les mêmes sons se reproduisent constamment dans toutes les langues des Philippines; il serait aussi facile de prouver par des citations que les Ylogans possèdent l'*h*, que de mettre hors de doute la présence du *ñg*, dans les mots Tagala.

(3) Le P. Colin prend un terme moyen et admet trois voyelles et treize consonnes; mais je ne crois pas que ce nombre soit plus exact que celui de Thévenot.

(4) The Tagala alphabet consist of seventeen letters. — The Tagala character is as difficult to read as it is easy to write. It is written with an iron style on bamboos and palm leaves, and the spanish missionaries assert, that the ancient mode of writing was from the top to bottom like the chinese. From the circumstance of their writing with an iron style on bamboos and from the resemblance of the letters to the Batta character, I should rather imagine that the ancient Tagala mode of writing was from the bottom to top.

dont il assimile la prononciation au *j* espagnol, et le *ñg* (1), *ñ* malay, qu'il distingue soigneusement dans sa transcription en lettres latines, du groupe *ng* formé de la rencontre de *n* et de *g*. Ces deux caractères doivent donc être réintégrés dans l'alphabet *tagala*. Cet alphabet se complète par l'addition d'une dernière lettre qui n'est figurée dans aucun des deux tableaux. C'est le *v* ou *w*, nommé par Totanes *la V de corazon*. Nous retrouvons ainsi les dix-sept lettres qui ont été indiquées.

La réunion de ces dix-sept lettres est nommée dans les dictionnaires Tagala, *baybayin* (*El A. B. C. Tagalo*). Il est facile de s'apercevoir que ce mot est de nouvelle formation et qu'il a été imaginé par les Espagnols, quand ils se sont occupés de donner des formes régulières à la grammaire et à la lexicographie de cette langue. Le mot *baybayin* est composé d'une formative finale et de *baybay* qui me paraît être le vocable de la lettre *B*. Ainsi que les langues de l'Inde (2), le *Tagala* possède une formule pour citer chaque lettre grammaticalement; cette formule est le

---

(1) Tienen los Tagalos un elemento, ó letra, que no tenemos nosotros, y se compone de dos, que son *n* y *g* con una rayita encima como esta *ñg*. Es sola una letra, y se pronuncia gangosa, y es necesario poner cuydado en pronunciarla tal, porque de lo contrario, mudará significacion.

(2) L'alphabet Tagala est, comme le Javanais, le Batta, l'Ugi, etc., un calque de l'alphabet syllabique des Indiens; la manière dont la vocalisation s'écrit et se compose avec les consonnes, plus encore, la disposition des deux *points voyelles* indiquent assez l'origine de cet alphabet.

redoublement de la lettre même (1). La consonne *B*, les voyelles mises en dehors comme dans l'ordre alphabétique des langues indiennes, se trouve être la première de l'ordre alphabétique européen (2) introduit par les Espagnols et combiné avec les restes du य क ण sanskrit : c'est du nom de cette première lettre qu'on a nommé l'ensemble de toutes les autres ; *baybayin* signifie donc proprement *alphabet*. On peut reconnaître dans cet ordre mixte des alphabets *yloco-tagala* rédigés par les Espagnols, cette déplorable tendance à rappeler les langues orientales aux habitudes des nôtres, et cette manie de détruire toute nationalité des peuples conquis, même dans les plus petites choses.

Le *Tagala*, comme l'a observé Leyden, est plus facile à écrire qu'à lire ; mais le savant anglais n'a pas expliqué quelles étaient les difficultés de lecture que présentaient les manuscrits. Les grammaires rédigées par les Espagnols, omettant l'alphabet de ces langues, devaient, par cela même, négliger les règles orthographiques observées par les naturels quand ils emploient

---

(1) C'est, il me semble, ce que l'on peut inférer des vocables de lettres suivans, recueillis dans le dictionnaire Tagala de San Lucar : *Caca*, *haha*, *nana*, C, H, N. Je n'ai pas rencontré d'autres exemples.

(2) En effet, dans le specimen qui porte le titre d'*Escritura de la lengua Ylocana*, les consonnes observent l'ordre de l'alphabet européen ; moins le signe *ñga* qui a été mis hors rang à la suite des autres caractères. Quant au point d'exclamation, il ne paraît être d'origine européenne, et il ne doit avoir été que très-récemment introduit dans les manuscrits des Tagalas.

leurs caractères originaux. Ces règles étant très-peu
connues, je rappellerai ici la plus importante de toutes,
celle qui doit le plus inquiéter la lecture. L'absence
des voyelles dans l'écriture arabe suscite souvent beaucoup de doutes et peut même laisser une légère incer-
titude sur le sens d'une phrase. Mais ces difficultés
doivent encore être légères en comparaison de celles
qu'introduit dans l'orthographe Tagala l'omission de
toutes les consonnes quiescentes. Suivant cette règle on
écrit *h'n°p'* pour *hinugpis*, *tristesse*; *s°l°* pour *sor-
lan*, *fuseau*; c'est à l'intelligence du lecteur qu'on
laisse à suppléer les lettres absentes appelées par le
sens (1) [je ne sais si l'on considère comme quiescente
la seconde voyelle dans les diphthongues]. Je conjecture que ces habitudes d'orthographe ont fait éprouver
quelques légères altérations à la langue même; et quelques formes doubles, comme *lislis* et *lilis*, *langin* et
langi, m'autorisent à penser que les élisions ont souvent passé de l'écriture dans la prononciation. Bien
que ces notions ne soient pas sans utilité, l'*inconsis-
tance* de la méthode transcriptive des Espagnols ne
nous permet pas de restituer les vocables *Tagala*, co-
piés dans leurs vocabulaires d'après des prononciations
plus ou moins variables.

Quelque conjecturales que soient ces recherches,

---

(1) On peut trouver quelques rapports entre cette *orthographe
cursive* et le style *Thsao* d'écriture chinoise. En voulant effacer les
aspérités et arrondir les formes, on a souvent fait disparaître les
parties saillantes et radicales soit du vocable, soit du caractère.

je pense qu'il n'est pas impossible de retrouver la construction primitive de l'alphabet tagala. Des rapprochemens entre cet alphabet et celui des *Bugis* me font présumer que la suite des consonnes devait être à peu près celle-ci :

Ka, ga, nga, pa, ba, ma, ta, da, na, la, wa, sa, ha, ya.

Tel est du moins l'ordre que présente l'alphabet *Ugi* publié par Raffles (*Hist. of Java*, tom. II). Je ne sais si cet ordre alphabétique est normal, mais on ne peut du moins douter que la suite des trois premières lettres ne soit authentique, puisqu'elle est le diminutif du क-आ *Devanâgâri*. Peut-être même l'ensemble des consonnes tagala était-il primitivement construit dans cet ordre :

Ka, ga, nga.
Ta, da, na.
Pa, ba, ma.
Ya, la, wa, sa, ha.

J'ai d'autant moins hésité à reformer la série des lettres *Tagala* sur la série des lettres *Ugi*, qu'en rapprochant la planche de Raffles des *specimen* qui accompagnent la présente notice, on saisit entre les deux caractères des rapports de forme très-suivis et qui ne peuvent être fortuits. La coupe et la direction des traits sont les mêmes; seulement l'*Ugi* a des formes plus précises, il est d'un style plus typographique.

Cet alphabet paraît différer de l'alphabet tagala par

le nombre des lettres et par l'expression des voyelles,
mais cette différence est moins sensible si l'on considère que les Bugis terminent chaque *classe* par une
consonne composée, réunissant la nasale qui lui est
propre à la première lettre du *warga* :

ALPHABET UGI.

Ka	*ga*	*nga,*	*ngka.*
Pa	*ba*	*ma,*	*mpa.*
Ta	*da*	*na,*	*nra* (1).
Tcha	*dja*	*ña,*	*ñtcha.*
Ra (2) *la*	*wa*	*sa*	*ha.*
	A.		

Ces quatre consonnes et la classe *tchawarga* re-
tranchées, il reste l'alphabet *tagala*, moins le *e-i* et le
o-ou initiaux, que la langue des Bugis n'a pas besoin
d'exprimer (3). Dans la vocalisation des consonnes, il

---

(1) Comme il n'est pas probable que cette classe réponde plutôt
au ट *warga* qu'au त *warga* ; je ne pense pas que *nra* puisse
représenter ici ण्ड ; il faut sans doute lire *nta* न्त. Ces consonnes
composées dont les parties intégrantes sont très-distinctes, n'appartiennent pas plus réellement à l'alphabet *Ugi* que le न्त n'appartient
au *Dévanagari*. Raffles donne, dans la même planche, une forme
antique de l'alphabet *Ugi*, qui ne présente point ces groupes.

(2) Le *tagala* est comme plusieurs dialectes de la Tartarie sep-
tentrionale, privé de l'*r* initial : mais il paraît le remplacer par le
y, que ne possède pas l'*Ugi*, ces deux lettres se permutent souvent
dans les langues de l'Inde ultérieure.

(3) Sir Raffles, la seule autorité que je puisse citer, ne donne
pas les formes initiales des voyelles *e*, *i*, *o*, *ou*, dont il décrit
soigneusement les formes médiales.

est vrai, l'*ugi* distingue l'*e* de l'*i*, l'*o* de l'*ou*; mais l'*i* et l'*ou*, s'expriment dans leur forme médiale par le point placé en-dessus et en-dessous, exactement comme en tagala : ʼ *ui*, ᵕ *iou*.

Bien que les Bugis aient une suite de caractères plus complète, je ne pense pas que ce soit à leurs communications que les Tagalas doivent leur alphabet; car il présente trois voyelles initiales dont deux ne sont pas connues dans l'alphabet *Ugi*, et dont les formes rappellent trop bien les voyelles *Dévanagari* अ, इ, उ, pour qu'elles aient pu être inventées aux Philippines. Il me semble bien plus probable que le type des caractères indiens a voyagé dans toute la Polynésie asiatique à une époque déjà fort éloignée, et que chaque peuple, en l'adoptant, l'a modifié à sa commodité et lui a fait prendre les formes de ses prononciations et les habitudes de son orthophonie.

C'est par ces rapports des alphabets *Ugi* et *Tagala* que Leyden expliquait la singulière opinion ou plutôt la méprise de quelques missionnaires espagnols, qui ont prétendu que le caractère *Tagala* était dérivé du caractère *Malay* (1).

Le P. Colin, l'un des premiers qui aient produit cette assertion, et le P. Gasp. de San-Augustin, le plus savant de tous ceux qui l'ont transmise dans leurs ouvrages, la considèrent comme trop évidente pour avoir besoin d'être prouvée. Dalrymple a essayé d'expliquer

____

(1) *Asiat. Res.* tom. X, pag. 208.

cette erreur en en supposant une autre; ces religieux auraient, s'il faut l'en croire, confondu les Malays avec les Borneys, et par suite le caractère malay (1) avec une écriture syllabique très-semblable à celle des Tagalas, qu'il prétend avoir appartenu en propre aux peuples qui formaient l'ancien empire de Borneo. Mais cette explication est d'autant plus invraisemblable que les Espagnols disent : *que es todo tomado de Moros Malayos, y deducido de los Arabes* (2) J'aime mieux croire que ces missionnaires n'ont considéré, en formant leur opinion, qu'un rapport spécieux entre les deux systèmes alphabétiques, dans la construction des voyelles avec les consonnes. Les voyelles, en effet, sont exprimées par trois valeurs, dont deux, dans chaque langue, saisissent toutes les variétés de prononciation qui se trouvent comprises entre *e* et *i*, entre *o* et *ou*; de plus, les signes de ces valeurs s'écrivent en dessus et en dessous des consonnes en Tagala comme en Arabe, ‖voyelle inhérente a , ⸲‖⸴, ⸲‖⸲, ⸴‖. On peut bien croire qu'à cette époque, lorsque la critique philolo-

_____

(1) Ils pouvaient d'autant moins méconnaître le caractère malay-arabe, et le confondre avec une écriture syllabique et non liée, que les Soulous et les Magbindanos écrivent leurs langues avec l'alphabet malay. (*V.* Forrest.)

(2) Les Tagalas ont dans leur langue deux mots pour exprimer l'idée d'écriture : le premier, *soulat*, n'est autre chose que le mot arabe سورة également reçu dans la langue malaye (je ne sais si l'étymologie de ce mot a suscité l'opinion des missionnaires espagnols); le second, *titic*, est l'expression originale trouvée en même temps que l'alphabet tagala, et me paraît répondre au تولس des Malays.

gique n'était pas encore venue, on s'attachait plus à des ressemblances illusoires qu'à des différences réelles. Je ne vois pas d'autre explication possible de cette erreur des moines espagnols; car il n'y a pas moyen de trouver la solution de cette difficulté dans les formes mêmes des caractères *malays*. Moins encore voudrais-je croire que les langues des Philippines aient jamais été écrites avec l'alphabet arabe plus ou moins altéré.

La même légèreté d'observation a été pour le P. Colin l'occasion d'une autre erreur, qui peut du moins trouver son excuse dans des apparences décevantes. Cet annaliste dit qu'avant l'arrivée des Espagnols aux Philippines, les peuples de ces îles écrivaient de bas en haut, en multipliant les lignes de gauche à droite (1), c'est-à-dire dans une direction exactement inverse de celle des livres chinois et japonais (2). Cette erreur est précisément celle qu'a commise Leyden, quant aux caractères Battas.

M. W. Marsden avait donné, dans son histoire de Sumatra, le tableau des alphabets *Redjang*, *Lampoung* et *Batta*, et en avait aligné les caractères d'arrière en avant pour représenter la direction horizontale de l'écriture. Leyden (*on the Languages and Literature of the Indo-chinese nations*) prétendit qu'à la vérité, les Battas lisaient quelquefois leurs livres

---

(1) Escrivir de abaxo para arriba, y poniendo el primer renglon a la mano izquierda, continuar con los demas a la derecha.

(2) Quelle autorité philologique accorder à cet historien qui annonce une exacte ressemblance entre les caractères chinois et les lettres hébraïques?

de bambou dans une direction horizontale, mais qu'il était normal pour eux de lire perpendiculairement et de bas en haut. Ses preuves étaient : 1.° que, vus dans ce sens, les caractères *Batta* présentaient la plus parfaite analogie avec les caractères *Ugi* et *Tagala*; 2.° que, lorsqu'une ligne restait inachevée, le blanc se trouvait toujours à l'extrémité supérieure de la ligne. La simple inspection d'un bambou écrit en *batta* devait avertir Leyden de l'inexactitude de sa critique; l'*interscription* des voyelles, suivant le système indien, devait seule lui indiquer le sens véritable des caractères. M. W. Marsden a démontré par d'ingénieuses raisons, dans la troisième édition de son histoire de Sumatra, que la lecture horizontale était la seule régulière et la seule habituelle (1); mais je ne pense pas qu'il ait saisi

---

(1) ⊕ Marks the commencement of the writing, which proceeds horizontally, from the left hand to the right, the series of lines descending, most usually, from the top of the page; but not unfrequently the bottom line is the first written, and the others in succession towards the top. This practice (common to other tribes) appears to have given rise to the idea that the Battas are accustomed to write perpendicularly « from the bottom to the top of the line ». (*Rejang alphabet.*)

MM. Ward et Burton, dans leur excellente relation de la contrée des Battaks, confirment pleinement l'opinion de M. W. Marsden. Ils s'expriment ainsi :

The *Batak* characters are remarkably simple, very distinct from each other in shape, easily formed, and fully capable, except in a single instance, of expressing every sound that occurs in the language. They are written from left to right like the sanskrit, horizontally (not in perpendicular columns as some have supposed), and in one continual line, without separating the words. (*Journey into the Batak Country.*)

l'erreur de Leyden dans sa première cause. Il est très-probable que les Battas, gravant sur des lames de bambou des caractères très-simples et non liés, écrivent en sens inverse de la lecture, couchent les caractères les uns sur les autres, conduisent leurs lignes de bas en haut dans la longueur de ces lames, et multiplient ces lignes de gauche à droite. Les formes de ce caractère étant nettes et distinctes, il est même facile de lire dans cette direction ascendante, d'autant plus que la lame de bambou glissant entre les doigts, suit toujours les progrès de la lecture. Si l'on place ce bambou dans le sens longitudinal, on retrouve les caractères bien posés, croissant de gauche à droite, et les lignes descendant du bord supérieur de la lame au bord inférieur. Cette explication me paraît également applicable au *Batta* et au *Tagala*; la lecture de ces deux dialectes va de gauche à droite, comme celle de toutes les langues dont l'alphabet est d'origine indienne.

J'ai déjà constaté l'identité des deux alphabets donnés sous les noms d'alphabet *Tagala* et d'alphabet *Ylog* (1). Il n'est pas probable que les *Pampanghs* (2) et les *Pangasinañs*, placés entre les *Tagalas* et les *Ylocans*, interrompent cette chaîne de traditions littéraires. Je pense donc que l'alphabet *Tagala* est en possession de représenter tous les dialectes parlés de-

---

(1) Le titre même d'*alphabet Ylog* prouve qu'il a été recueilli dans le pays des Ylocos, par un Espagnol qui ne le connaissait que comme alphabet spécial du dialecte de ce peuple.

(2) Les Pampanghs ont la réputation d'être les Béotiens des Philippines.

puis les *Camarines* jusqu'aux *Cagayanes*, sur la côte orientale de *Luzon*. Quelques auteurs portent beaucoup plus loin l'alphabet *Tagala*; je ne puis que mentionner leurs opinions sans exercer sur elles aucune critique. Dalrymple, qui a exposé plusieurs vûes fort ingénieuses sur l'ancien empire de Bornéo (1) (*Orient. Repertory*), a recherché si les Borneys possédaient un caractère particulier avant l'adoption du caractère *Malay*, et si cette écriture était originale ou empruntée d'autres peuples; il n'a pu que proposer des conjectures; elles se résument ainsi : 1.º Plusieurs circonstances présentent comme probable que les Borneys, à l'époque de leur grande domination, possédaient un caractère syllabique de même constitution que les caractères *Ugi* et *Tagala* (tels qu'ils nous sont connus aujourd'hui); 2.º Les traditions des Tagalas, des traces

----

(1) Hence it seems probable, that the *Bornean* empire comprehended all the *Bissaya* and *Tagalo* provinces of the Philipinas, though it seems to have extended no farther north.

It is conjectured that the *Borneos* had a character; for since the *Bugguese*, the *Javanese*, the *Tagalos*, &c. have, there is little reason to doubt the *Borneos* had...... In this we have an evidence to warrant the *Bornean* dominion, which perhaps comprehended also the *Tagalos*, whose language is said to have some affinity to the *Bissaya*. In this case the *Tagalo* character is probably the ancient *Bornean*..... It does not appear, the *Bissayas* have any original character.

Leyden ne croyait pas à cet ancien empire de Bornéo. « Dalrymple, dit-il, alledges that the *Borneyan* empire not only extended over that Island, but also over the *Siki* and *Philippines* in ancient times; I have been able to discover no traces of such dominion. (*Sketch of Borneo. Batavian Transact.* tom. VII.)

d'islamisme découvertes chez les Bissays, des analogies entre les langues *Bissay*, *Tagala* et *Borney*, permettent de croire que l'empire de Bornéo s'étendait sur toutes les îles comprises entre *Palawan*, les *Tawi tawi* et les *Babuyanes* ; 3.° Dans cette hypothèse, il est très-vraisemblable que le caractère *Tagala* est l'ancien caractère *Borney*. Mais lequel des deux peuples a reçu les communications de l'autre? Telle est la question que le savant ethnographe n'a pas osé décider explicitement.

Cette conjecture n'a rien de plus improbable que toute autre qu'on pourra produire, sans l'autoriser par les monumens dont les ruines couvrent encore une partie des côtes de la grande *K'lemantan* (1). Quant aux *Bissays*, je pense qu'ils possèdent un alphabet et une orthographe. Un des *historiadores* des Philippines remarque, comme chose très-singulière et digne d'éloges, que le P. Oriol, rédacteur d'un vocabulaire de la langue *Bissay*, prit la peine *de escribirlo todo de su letra*. Mais ce caractère est-il original, est-il un emprunt fait aux *Tagalas?* Voilà ce que nous ne pouvons décider dans l'état actuel de nos connaissances et

---

(1) Sir Stamf. Raffles, dans le savant rapport qui ouvre le 8.° vol. des *Transactions of the Batavian Society*, s'exprime ainsi : *Some notices have been received of ruins of temples, statues, and dilapidated-cities, and of the existence of various inscriptions in different parts of the Country, in characters unknown to the Chinese Malay or Dayac; but the information yet received is too vague, and in some instances, too contradictory to be relied upon; and the question whether this island, at any former period, rose to any considerable degree of greatness, must yet remain undecided.*

séparés de tous les livres qui pourraient nous présenter quelques directions.

Un alphabet est toujours de peu d'intérêt, surtout quand la langue qu'il représente ne possède point de littérature ; il faut cependant recueillir ces petites choses pour commencer l'étude des grandes, pour entreprendre des études philologiques utiles, et donner un jour quelques faits de plus à la science de l'ethnographie. Ces minuties sont même précieuses quand elles viennent de cette seconde Asie, si peu connue, où tant de races humaines se sont mêlées et ne se conservent plus que dans quelques individus (1).

Ces considérations m'engagent à rappeler que le célèbre malayiste, M. W. Marsden, a recueilli, pendant son séjour à Sumatra, de précieuses collections d'alphabets *Malays, Batta, Rejang, Ugi, Tagala, &c.* (*Biblioth. Marsdenia*). Ces quelques feuillets (2) de sa riche collection seraient un utile présent à faire à la littérature orientale. Personne ne peut les accompagner de notices plus instructives que cet honorable savant.

---

(1) La Polynésie indo-malaye (comprise entre les *Palaos* et *Nicobar*) présente le même phénomène philologique que le Caucase et les montagnes entre Ava et l'Arracan. Il n'est pas de *kampoung* qui n'ait quelques mots en propre, et du sein de cette vaste mer il surgit autant de dialectes que d'îles.

(2) *Specimens of alphabetic characters used in the islands of Sumatra, Java, Bally, Celebes, and the Philippines.* (in a portfolio.)

APPENDIX.

Le P. Colin a tiré de sa première erreur (sur la direction de l'écriture *Tagala*) des inductions géographiques encore plus erronées, dont l'examen me conduit à traiter ici une question décidée en trois phrases par le jésuite espagnol.

Diodore de Sicile a donné dans le IIe livre de son histoire universelle un extrait des voyages d'Iamboule dans les îles de l'Océan (1). Ce Grec, qui traversait l'Arabie pour se rendre au *Pays des Aromates*, ἐπὶ τὴν ἀρωματοφόρον, fut enlevé par des brigands, traîné en Éthiopie, et de-là déporté, comme l'exigeait une superstition nationale, dans une île australe située au milieu d. l'Océan (2) : ce ne fut qu'après une longue traversée qu'Iamboule aborda à cette île mystérieuse ; πολὺς δὲ πλεύσαντας πέλαγος μέγα καὶ χειμασθέντας ἐν νηοὶ πέτταρα προσενεχθῆναι τῇ προσημαινθείσῃ νήσῳ, σφαιρικὴν μὲν ὑπαρχούσῃ τῷ σχήματι, τὴν δὲ περίμετρον ἔχουσαν σταδίων ὡς πεντακισχιλίων (3) : contraint de sortir de l'île, Iamboule atteignit les côtes de l'Inde après quatre mois de navigation : πλεῦσαι πλείον ἢ πέτταρας (4) μῆνας· ἐκπεσεῖν δὲ κατὰ τὴν Ἰνδικὴν εἰς ἀμμώδεις καὶ ταραχώδεις τόπους (5), &c.

---

(1) Περὶ δὲ τῆς κατὰ τὸν Ὠκεανὸν εὐετηρίας τόπου κατὰ τὴν μεσημβρίαν, &c.

(2) Il avait reçu des vivres pour six mois.

(3) Ἐπτὰ δ' ἦσαν αὗται νῆσοι παραπλήσιαι μὲν ταῖς μεγέθεσι, σύμμετροι δ' ἀλλήλων διεστηκυῖαι, πᾶσαι δὲ ταῖς αὐταῖς ἔθεσι καὶ νόμοις χρώμεναι.

(4) Variante, πέντε.

(5) Iamboule, rendu à sa patrie par le roi de *Polibothra* (Palibothra), écrivit une relation de ses voyages : Ὁ δὲ Ἰαμβοῦλος

Les distances étant ainsi déterminées, je ne multiplierai
pas les citations sur les merveilles de cette île et sur les
mœurs de ses habitans ; il me suffisait de la faire reconnaître.
Mon intention n'est pas en effet de rechercher, par une ana-
lyse critique du récit de Diodore, si le voyage d'Iamboule
est une fiction, ou une vérité compromise par les fables et
les imaginations fantastiques du rédacteur. Je ne me propose que d'examiner les deux phrases dont le P. Colin a
si étrangement abusé, phrases plus connues que tout le
reste de la relation et d'après lesquelles les ethnographes
qui ont étudié ce passage ont essayé de déterminer la sy-
nonymie de l'île d'Iamboule. Ces ethnographes sont mal-
heureusement en bien petit nombre et n'ont jeté que bien
peu de lumière sur la question : les opinions les plus ori-
ginales et les plus dignes d'examen qui aient été avancées
sur ce sujet, sont celles de Bochart, de Colin et de Wilford (1) : tous les auteurs qui ont traité incidemment de cet
épisode géographique, ont suivi sans inquiétude l'opinion
de Bochart, la seule probablement qui fût venue à leur
connaissance. Mais on doit regretter que des savans qui
se sont spécialement occupés de recherches sur les connaissances géographiques des anciens, n'aient pas cru devoir soumettre à leur critique une des relations nautiques
les plus curieuses que présentent les auteurs grecs. Valen-
tyn ne fait que la citer dans le premier volume de sa *Bes-*

οὗτος ταῦτά τε ἀναγραφῆς ἠξίωσε, καὶ περὶ τῶν κ̄ τὴν Ἰνδικὴν οὐκ
ὀλίγα μετετάξατο τῶν ἀγνοουμένων παρὰ τοῖς ἄλλοις. Diod. Sic.

(1) Je ne considère pas comme digne d'attention l'opinion de
Mignot (*Mém. de l'Acad. des I. et B. L.* t. 31, p. 85), qui, sans
avoir compris le texte de Diodore et après avoir rejeté sous des
prétextes fort légers l'avis de ceux qui rapportent cette île à la
Taprobane ou à *Menuthesias* (Madagascar), prétend la retrouver
dans Sumatra, parce que, dit-il, il y a vers le milieu de cette île
une ville appelée Jambi ou Jamboli. (C'est جامبي *Djambi* dont la
prononciation n'a rien de commun avec celle d'Iamboule.)

chryving van Oostindien; Gosselin ne la mentionne même
pas dans ses *Recherches* (1), ouvrage d'ailleurs fort incom-
plet dans les parties où de nouvelles illustrations étaient le
plus désirées, savoir la Polynésie Orientale et l'extrême
Asie (2).

Tout en écartant la question spécialement géographique
toujours négligée jusqu'à ce moment, j'ai besoin de faire
connaître l'opinion que je me suis formée après une lecture
attentive de ce fragment. On pourrait trancher les difficultés qu'il présente en considérant Iamboule comme le Swift
des Grecs et sa relation comme une fiction, une fantaisie,
une utopie morale ou politique ; l'on pourrait même autoriser ce sentiment de la phrase bien connue de Lucien : γράφει
ἐμοὶ μὲν ἅπαντα τὰ ψεύδεα πλάσματα (Ἰαμβοῦλος), οὐκ ἀτερπῆ
δ' ὅμως συνθεὶς τὴν ὑπόθεσιν. Mais si cette solution est de toutes
la plus facile, il ne me paraît pas qu'elle soit également la
plus probable. On ne peut refuser de reconnaître qu'Iamboule a fait preuve dans son *Voyage* de connaissances
géographiques trop précises pour croire qu'il les ait appli-
quées à un ouvrage d'imagination. J'aime mieux croire que
cet auteur a recueilli de la conversation de quelques mar-
chands ou aventuriers grecs, des détails sur les îles orientales, sur leurs productions naturelles, sur les mœurs des
peuplades qui les habitent, et qu'il a pris plaisir à rédiger
toutes ces notices et à les présenter réunies dans une seule
action et dans un seul lieu, n'inventant que pour compléter ses notes ou suppléer ses souvenirs. Je pense donc
que la relation d'Iamboule n'a rien de plus merveilleux que
la description de la Polynésie Asiatique par Oderic d'Udine

---

(1) D'Anville l'avait déjà omise dans son mémoire sur *les limites
du monde connu des anciens au-delà du Gange,* Mém. de l'Acad.
des I. et B. L. tom. 32. Ce mémoire ne présente que de fausses notions.

(2) Il est presqu'impossible de traiter de la géographie de
l'Asie sans connaître les langues orientales.

(23)

et Mandeville, et qu'elle a le même intérêt géographique
que les Voyages de Sindbad le Marin (1).

J'ai crû devoir produire ces observations, parce que les
trois auteurs déjà cités me paraissent avoir pensé que Diodore de Sicile, en admettant un extrait de cette relation
dans ses Histoires, en avait reconnu et assuré l'authenticité.
Bochart (*Phaleg*), loin de discuter ce point de bibliogra-
phie, ne pense pas même qu'il puisse y avoir de doute sur
l'île désignée par Iamboule : car il s'empresse d'appliquer
à la Taprobane (Ceylan) tout ce que Diodore rapporte de
l'île australe, et néglige d'avertir que cette île n'a pas même
reçu de nom dans l'extrait publié par le célèbre historien
grec. Bochart n'en ayant parlé que fort légèrement et ayant
omis les phrases sur lesquelles doivent porter mes observations, je ne m'occuperai pas plus long-temps de son opinion (2).

Le P. Colin, dont les erreurs rattachent cette discussion
à celle de l'alphabet *Yloco-tagala*, n'a pas osé rapporter ex-
pressément la description de l'île d'Iamboule (3) aux Philippines ; mais on comprend, par les rapprochemens qu'il
essaie, que telle était la tendance de son opinion (4). Je cite
ici textuellement les deux phrases qu'il a traduites et qui lui
paraissent présenter des rapports explicites avec son énoncé
sur la direction verticale de l'écriture Tagala. Γράμμασί τε
αὐτοὺς χρῆσθαι, κατὰ μὲν τὴν δύναμιν τῶν σημαινόντων, εἴκοσι καὶ

---

(1) Je me propose de démontrer que ces voyages, romans his-
toriques de la Géographie, contiennent des notions très-précises
et à peine altérées sur les îles orientales.

(2) Les personnes qui ont suivi l'opinion de Bochart se sont
principalement autorisées de l'expression, στρογγύλην μὲν ὑπάρχουσαν
τῷ σχήματι ; mais cette expression paraîtra bien vague, si l'on pense
que les anciens n'ayant pas les moyens de faire le relevé des côtes,
ne pouvaient connaître précisément les contours d'une île.

(3) Il écrit Iamblique.

(4) *Situada (Isla) en nuestra media region.*

ὀκτὼ τὸν ἀριθμόν· κατὰ δὲ τοὺς χαρακτῆρας, ἐπειδὴ τὸν ἕκαστον τε-
τραχῶς μεταχρηματίζεσθαι. Γράφουσι δὲ τοὺς στίχους (1) οὐκ εἰς τὸ
πλάγιον ἐκτείνοντες, ὥσπερ ἡμεῖς, ἀλλ᾽ ἄνωθεν κάτω καταγράφοντες
εἰς ὀρθόν. *Conque se vee*, ajoute le P. Colin, *ser cosa muy
antigua la del modo de escrivir, y caracteres de estas na-
ciones.*

Wilford, homme savant et ingénieux, dont de graves erreurs imposées à sa bonne foi ont trop fait oublier le mérite
personnel, a présenté son opinion d'une manière plus large
dans son *Essay on the sacred isles on the West* (2). Accou-
tumé à discuter les questions ethnographiques et philologiques avec un grand zèle d'érudition, il a saisi de suite la
partie la plus caractéristique de la relation d'Iamboule et en
a déduit ses conjectures avec assez de vraisemblance. L'île
du voyageur grec lui paraît être Sumatra : il n'ignore pas
l'opinion du P. Colin, mais il explique les rapports qu'on
peut établir entre les usages des nations Malaye et Tagala
par leur communauté d'origine bien connue. Les alphabets
Sumatrans lui paraissent être ceux qui se rapprochent le
plus par le nombre et la disposition des caractères de l'alphabet mentionné par Iamboule : il pense comme Leyden
que les caractères Sumatrans se lisaient autrefois dans une
direction verticale ; mais il la suppose ἄνωθεν κάτω confor-
mément à l'expression de Diodore, et Leyden l'entend κάτω-
θεν ἄνω : on a vu comment cette dernière opinion pouvait
s'expliquer.

Si Colin et Wilford avaient plus intimement étudié le
texte grec, il leur eût été facile de comprendre que ces
deux phrases où les détails sont exprimés avec autant d'é-
légance que de précision, comparées avec le système graphique des langues Indo-malayes, devaient rester sans
application, et n'étaient qu'un problème insoluble ; ce n'est

---

(1) Variante, ms. du Vatican στίχους καὶ ὀρθίους.
(2) *Asiat. Res.* t. X.

pas qu'elles ne présentent une construction des signes gra-
phiques, dont on ne trouve le type que dans le *Dévanagari*
et ses dérivés : ce fait qu'on ne peut méconnaître m'apporte
la conviction qu'Iamboule rédigeait sa relation d'après les
récits de quelques navigateurs grecs ou arabes qu'il n'a pas
toujours compris ou dont il recueillait la conversation avec
trop peu de soin ; à moins cependant qu'on ne veuille supposer de nombreuses altérations de texte dans l'extrait de
Diodore.

J'observerai d'abord que Wilford a cru trouver une
preuve de son opinion dans une interprétation trop complai-
sante d'une phrase de l'historien grec : *The inhabitants*,
dit-il, *have two tongues, or languages; their own first,
and probably the Malay was the other, which &c.* Mais le
texte grec ne se prête point à cette équivoque : il dit précisément que les habitans de cette île ont la langue bifide ;
δίγλωττοι μὲν γὰρ αὐτοὶ ἔχειν τὴν γλῶτταν ἐπί τι, τὸ δ'
ἐσώτερον, πρὸς διαίρεσιν, ὥστε διπλῆν αὐτὴν γίνεσθαι μέχρι τῆς
ῥίζης ; et que la volubilité de ce double organe leur permet
de s'entretenir avec deux personnes à la fois : τῇ μὲν γὰρ
ἑτέρᾳ ψυχῇ πρὸς τὸν ἕνα, τῇ δ' ἄλλῃ πάλιν ὁμοίως πρὸς τὸν ἕτερον
διαλέγεσθαι (1). Aucune interprétation, quelqu'ingénieuse
qu'elle soit, ne peut détourner ces phrases de leur sens phy-
siologique à un sens figuré. La conjecture de Wilford est
inadmissible.

L'opinion produite par le P. Colin n'appelle pas une plus
longue discussion. Les rapports qu'il avait supposés entre
l'écriture *Tagala* et l'écriture des habitans de cette île australe, n'existent plus (2), dès qu'il est reconnu que les caractères *Tagala* s'alignent d'arrière en avant et se multiplient de gauche à droite, comme tous les caractères qui

---

(1) La traduction de Bochart n'est pas plus fidèle : *Duos simul
alloquuntur, ac si bilingues essent.*

(2) J'ai déjà observé que l'opinion de Wilford sur ce sujet est le
résultat de recherches inexactes.

(26)

appartiennent au système graphique du *Dévanagari*. Et voulût-on supposer que le prétendu voyageur grec a commis la même erreur que l'annaliste espagnol, déçu par les mêmes apparences, il resterait encore à expliquer la contradiction évidente qui se trouve entre la direction verticale ἄνωθεν κάτω (1) observée par les insulaires d'Iamboule et la direction verticale *de abaxo para arriba* observée par les habitans des Philippines (2). Quelques concessions que l'on fasse au P. Colin, le texte grec est toujours contraire à son assertion : elle ne mérite pas de nous arrêter plus long-temps.

Il reste maintenant à étudier le passage déjà cité, où se trouve analysé le système alphabétique des habitans de l'île australe. Cette phrase est celle de toutes qui, par sa complexion et par la ténuité des détails, présente le plus de difficultés à la critique. Avant de commencer cet examen, je crois devoir en déclarer les principes, pour en mettre les résultats hors d'objection : 1.° Il est constant que l'île d'Iamboule ne peut être plus rapprochée que Ceylan, ni plus lointaine que les Philippines, et qu'elle est comprise dans cet espace de mer où s'est répandue la civilisation indienne. 2.° Ceylan et la Polynésie indo-malaye avaient reçu les influences de la civilisation indienne avant l'époque du prétendu voyage d'Iamboule. 3.° On ne peut espérer de se former une opinion sur les analogies possibles de l'ensemble alphabétique décrit par Iamboule, qu'en comparant soigneusement les expressions du texte grec avec toutes les valeurs qui entrent dans le système graphique des langues littérales ou vulgaires des contrées qui viennent d'être nommées.

En suivant ces directions et en cherchant dans ce que

---

(1) Καταβάδην, χαμαιφόρος, κιονηδὸν, πυργηδὸν κτ' βάθος des scholiastes et grammairiens grecs.

(2) Ἀναβάδην, &c.

nous savons des alphabets de Ceylan et de la Polynésie
asiatique le commentaire du texte grec, j'ai reconnu qu'il
pouvait admettre à peine deux interprétations : une seule
réunit toutes les conditions qui peuvent la faire considérer
comme l'expression exacte de la pensée de l'auteur ; ce
n'est pas celle qui a été adoptée par Wilford ; il a préféré
le sens suivant : *They had an alphabet , consisting of twen-
ty-eight letters , divided into seven classes , each of four
letters. There were seven original characters, which, after
undergoing four different variations each, constituted
these seven classes.* Il est bien facile de s'apercevoir que
Wilford a traduit très-largement, et que son commentaire
est destiné à suppléer la phrase grecque bien plus qu'à l'é-
lucider. Les deux mots σημαίνοντα et χαρακτῆρες décident du
sens de toute cette phrase (1) ; il a représenté le premier

par *letter* (अक्षर) et le second par *classe* (वर्ग). Mais ce

nouveau sens attribué aux deux mots grecs est purement
arbitraire : Σῆμα, il est vrai, signifie secondairement *lettre*,
mais il est évident par le contexte que σημαίνοντα doit avoir
un sens plus spécial en présence de γράμμασι (2). Χαρακτήρ,
qui, de la signification primitive de *trait*, a passé à celle
de *lettre* ou *signe d'écriture*, n'a jamais reçu une plus
grande extension de sens grammatologique (3) : si l'on
aime mieux croire que Wilford a entendu par ce dernier
mot un type se modifiant regulièrement en quatre caractères qui conservent tous une partie commune et forment

---

(1) On trouve dans l'édition de Heyne cette vieille traduction
assez peu intelligible. *Litteris utuntur pro significandi potentia
XXVIII, pro characterum formâ VII, quorum unusquisque
quatuor modis transformatur.*

(2) Si σημαίνοντα signifie *lettres*, que faire de γράμμασι ?

(3) Ce simple mot ne peut d'ailleurs exprimer l'idée complexe
ordre de caractères.

une classe spéciale ou *warga* (1), la même impropriété de
sens subsistera et une nouvelle difficulté se présentera dans
l'application de cette conjecture à tous les alphabets connus
qui procèdent par classes : il est constant qu'aucun d'eux
ne présente un seul *warga* où le même type se reproduise
dans toutes les lettres qui le composent (2). Si l'on prétend
enfin que, par une inexactitude que l'on aurait peine à con-
cevoir, Wilford entendait ces types (χαρακτῆρες) et cette
assimilation, non du tracé des caractères, mais bien des
prononciations qui y sont attachées, cette interprétation
tourmentée et conduite d'objections en objections ne serait
encore applicable qu'aux premières classes spécialement
nommées वर्गीय, les dernières étant miscellanées, ou
अवर्गीय. L'interprétation de Wilford, de quelque manière qu'on l'amende, est toujours erronée.

Il est évident qu'on ne peut pas accorder plus d'autorité
à celle qui représenterait σημασία par *consonnes* et χαρακτῆρες par *voyelles* ; elle a cela de spécieux, il est vrai,
qu'elle peut admettre les voyelles initiales nécessairement
exclues de toute autre interprétation (3) ; mais l'impropriété

---

(1) Σημασία dans cette hypothèse indiquerait la partie dis-
tinctive et caractéristique de chaque lettre, comme χαρακτῆρ en
représenterait la partie commune, et ὡς ἕκαστον πηράχας μεμα-
σχηματίσθαι s'expliquerait très-facilement.

(2) L'alphabet *Redjang*, celui de tous qui par l'uniformité de ses
caractères prêterait le plus à ce sens, présente de nombreuses
objections.

(3) Ces voyelles seraient *a i ou e ai o ao* ; mais les deux diph-
thongues n'entrent dans aucun alphabet de la Polynésie asiatique.
Il serait encore très-difficile d'expliquer ὡν ἕκαστον κ. τ. λ., et il ne
le serait pas moins d'extraire régulièrement de l'ensemble des consonnes *Dévanagari* un autre ensemble de 28 consonnes : en sup-
primant, soit un *warga* entier, soit une colonne d'aspirées, plus le

de sens subsiste toujours, et cette objection est tellement puissante, qu'elle ne me permet pas d'accepter ce système.

Je pense que le sens vrai et incontestable de la phrase est celui-ci : *Illos uti litteris, quoad vim notarum* (adscriptarum) *octo viginti, quoad autem characterum* (descriptiones) *septem, quarum unamquamque in quatuor figuras deduci.* J'entends par σημασίαν des signes annexés et distinctifs, et ici spécialement les signes de voyelles médiales nommés par les Indianistes anglais *symbols*, et dont l'adscription apporte en effet une nouvelle forme à la consonne simple (1). Je reconnais dans χαρακτήρ le corps même de la lettre, et (dans un sens d'application) la consonne simple, qui reçoit les signes de vocalisation (σημασίαι). Les habitans de l'île australe avaient donc sept consonnes qui, combinées avec quatre *signes-voyelles*, formaient 28 groupes ou syllabes. Il n'est pas besoin d'étudier les résultats précédens en référence au système graphique des langues indo-malayes, pour comprendre qu'un dialecte n'ayant que sept caractères et 28 prononciations n'a jamais été parlé ni écrit.

S'il m'était permis de produire une opinion aussi conjecturale, sans autre motif que le désir d'expliquer un passage très-remarquable, j'oserais croire que Diodore de Sicile, ne connaissant d'autre système graphique que celui des Grecs et des Latins, n'a pas compris le texte d'Iamboule sur lequel il travaillait, et qu'il l'a altéré dans son extrait, en lui donnant les formes de sa propre rédaction : je considérerais comme probable qu'il y avait dans l'original une

---

क des *Védas*, il resterait encore le ओ et le प qui n'existent ni dans le Pali, ni dans le Kawi, ni dans aucun autre alphabet de la Polynésie indo-malaye.

(1) J'entends ici par consonne simple, la consonne mue par la voyelle inhérente ; cette voyelle implicite est le signe caractéristique de tous les alphabets dérivés du Dévanagari.

phrase à peu près de même valeur que celle-ci : τε αὐτὸς γενέσθαι εἴκοσι καὶ ὀκτὼ τὸν ἀριθμόν, κατὰ δ' ἐπὶ τριχάδας διαμεμερισμένας, ὧν ἕκαστον πενταχῶς μετασχηματίζεσθαι (1). Mais il est trop facile d'expliquer un texte en l'altérant, pour que j'attache quelque importance à une pareille interprétation.

Conclusions. Je crois pouvoir tirer de ces observations les conclusions suivantes :

1.º Les rapports indiqués par le P. Colin entre l'écriture Tagala et l'écriture des habitans de l'île australe, n'existent pas.

2.º Le système graphique décrit par Iamboule, comparé avec les alphabets des diverses langues parlées à Ceylan ou dans la Polynésie indo-malaye, reste sans application.

3.ª On ne peut cependant méconnaître dans la description de ce système graphique l'intention de représenter un alphabet de même constitution que les alphabets syllabiques des langues indiennes.

4.º Ces considérations et plusieurs autres que je me propose de développer en traitant spécialement la question géographique me paraissent concourir à cette opinion : le voyage d'Iamboule n'est que la rédaction des récits de quelques voyageurs grecs sur la Polynésie asiatique (2) résumés en une seule action et réunis sur une seule contrée.

---

(1) Cette dernière partie de la phrase indiquant les modifications introduites par l'insertion des signes de trois voyelles, plus la voyelle inhérente.

(2) Ceylan y compris.